A PROPOS DE

L'INTERNATIONALE

ÉVANGILE SOCIAL

SELON

PIERRE ÉDON

PUBLIÉ PAR SES DISCIPLES

PREMIÈRE PARTIE

CRÉATION D'UNE SOCIÉTÉ

L'Alliance nationale du Travail et du Capital

Prix : 50 centimes

PARIS

LIBRAIRIE INTERNATIONALE

A. LACROIX, WERBOECKOVEN ET Cᴵᴱ, ÉDITEURS

15, BOULEVARD MONTMARTRE ET 13, FAUBOURG-MONTMARTRE

MÊME MAISON A BRUXELLES, A LEIPZIG ET A LIVOURNE

1871

Pierre Édon était le vieux berger de notre village.

Les Prussiens l'ont tué parce qu'il ne voulut leur servir ni d'espion, ni de guide.

Pauvre Pierre Édon, humble martyr de l'honneur et du patriotisme !

Il avait soixante-dix ans... Les vieux, dans cette guerre farouche, ont souvent eu plus d'héroïsme et de vertu que les jeunes, nés ou élevés sous un lâche despotisme...

D'où venait Pierre Édon? quelle était son histoire quand il s'établit, en 1827, dans notre contrée?

Nos anciens l'ignorent : Pierre fut toujours discret, timide, ami de la solitude.

Il lisait et méditait dans la montagne. L'étude, la réflexion, un esprit attentif, un sens droit lui avaient appris et révélé beaucoup sur les hommes et sur les choses.

Aussi les fortes têtes de l'endroit l'avaient d'abord

traité de *fou*, puis de *rêvasseur*. On se contenta de l'appeler « le philosophe » quand il eut forcé l'estime et la confiance par l'honnêteté de sa vie et l'utilité de ses conseils.

Nous autres, jeunes gens, nous le considérions comme le plus juste, le plus sage, le meilleur des hommes, et nous l'aimions de toute notre âme.

Il était si bon pour nous ! Par les belles soirées de l'été, dans les longues veillées de l'hiver, il se plaisait à nous rassembler autour de lui et à nous apprendre, de la façon la plus simple, avec une autorité aussi persuasive que douce, tout ce que nous ignorions, tout ce qu'un vrai citoyen doit connaître, tout ce que magister, curé, maire et adjoint,— disons-le à leur confusion, — ne savaient pas plus que nous !

Pierre Édon était notre maître, on nous nommait ses disciples, ses apôtres, *les fils d'Édon*, et cela nous rendait fiers.

En écoutant le vieux berger si instruit, si prompt à bien dire et à se faire bien comprendre, nous nous prenions à penser que c'était quelque maître d'école persécuté jadis par l'évêque pour s'être montré trop savant et trop libéral : il avait dû donner sa démission et préférer à une humiliante servitude, la pauvreté libre.

Pour honorer sa mémoire et témoigner de nos pieux regrets, nous avons mis en commun nos souvenirs et rédigé, tant bien que mal, les entretiens de notre vieil ami.

Nous les publions sous son patronage et sous le titre qu'il leur donnait parfois lui-même :

L'ÉVANGILE DE PIERRE ÉDON.

Puisse cette petite poignée de vérités et de préceptes tomber en généreuse terre et produire quelques bons grains.

« Être utile et humble, » telle était la devise de notre maître; c'est aussi celle de ses élèves.

ÉVANGILE SOCIAL

SELON

PIERRE ÉDON

PREMIER ENTRETIEN

C'était par un beau soir d'été.

— Mes enfants, nous dit Pierre Édon, après quelques minutes de silence et de méditation, vous croyez tous, comme moi, à l'existence d'un Dieu dont nous sommes les créatures ; comme moi, vous avez besoin de croire aussi à l'immortalité de votre âme.....

Eh bien ! il faut répandre parmi nos semblables cette double et salutaire croyance, car elle peut seule conduire l'humanité au bonheur qu'il lui est permis d'espérer ici-bas.

L'homme qui croit en Dieu et à l'immortalité de l'âme est armé de tout le courage et de toute la résignation nécessaires pour lutter contre les difficultés de la vie.

En toutes circonstances, il se montrera juste et bon, toutes ses pensées, toutes ses actions auront pour origine et pour but l'amour et le respect des autres comme de lui-même.

Celui, au contraire, qui affecte de ne croire ni à la divinité ni à l'âme immortelle, vit égoïste, inutile, engourdi dans la matière.

Il n'a pas *le sens moral*, c'est-à-dire la préférence et le culte du bien, du vrai et du beau.

Il n'a pas *la conscience*, qui est à la fois le témoin et le juge de nos pensées et de nos actions.

Pour lui, la force primera le droit et l'intérêt la justice.

Si, par un instinct animal et par un amour secret de lui-même, il peut être bon père, bon époux et même bon fils ; incapable de désintéressement, de dévouement, d'enthousiasme, il ne sera jamais, à coup sûr, un bon citoyen.

Croire en Dieu est-il donc si difficile? Il l'est plus, selon moi, de n'y pas croire : quel misérable aveuglement! quel insipide orgueil! quelle grossière brutalité!

Certes, on peut douter si ce Dieu est personnel ou impersonnel, simple ou multiple, pur esprit ou esprit et matière, mais comment douter qu'il existe, en admirant les lois harmonieuses qui gouvernent les mondes?

Comment nier l'existence de notre âme immatérielle sans répudier le sentiment même de notre être et de notre destinée?

L'idée de l'âme distincte du corps n'est pas sans analogies dans la nature : qu'est-ce, en effet, que l'aimant, l'éclair, le parfum de la fleur, le rayon de soleil?

Et si notre âme n'était point immortelle, si, pendant notre vie, nous ne la sentions distincte de ce corps que pour la voir brusquement finir et se confondre avec lui dans la même mort, cette idée ne serait-elle pas

1.

pour nous un supplice, un morne désespoir au lieu d'une radieuse espérance? Dieu qui nous aurait ainsi créés serait-il cet être suprême infiniment juste et bon?

Non, cela n'est pas; cela ne peut pas être!

Mes enfants, parmi tous les rêves que j'ai faits en réfléchissant à ces choses, il en est un que je veux vous conter.

Les savants affirment que le soleil a des taches, sans savoir ce qu'elles sont ni ce qu'est le soleil.

Eh bien! je rêvais que le soleil est un immense foyer immatériel de toutes les vertus enflammées d'un constant et éternel amour, dont la chaleur rayonne à des distances infinies.

Je voyais ces taches, composées d'atomes impurs plus ou moins matériels, qui, rejetés de ce foyer divin de lumière rayonnante, en formaient, pour ainsi dire, l'écume.

A certain moment, cette écume se détachait, lancée par le soleil dans l'immensité.

Dans ce rêve, la terre m'apparaissait née d'une de ces convulsions. Mais, n'étant pas complétement impure, au lieu de se disperser dans l'espace, elle était retenue par un reste d'affinité dans l'atmosphère du soleil, et gravitait autour de lui.

Je rêvais aussi que Dieu, dans sa clémence, permettait à la portion immatérielle de la terre de s'en détacher peu à peu, après une sorte d'expiation plus ou moins longue.

A cet effet, Dieu créait l'homme et lui donnait avec la vie une étincelle de ce feu divin d'amour éternel; de cette étincelle, il formait son âme.

Ame et argile, esprit et matière, l'homme portait en lui tous les bons instincts de l'esprit, tous les mauvais instincts de la matière : il devait développer les premiers et combattre les autres.

Celui qui sortait victorieux de cette lutte de la vie, et avait réussi à épurer son âme en la séparant de plus en plus de la matière, celui-là voyait, à l'heure de sa mort, son corps retourner à la terre, et son âme prendre l'essor vers le soleil, où elle retrouvait la félicité rayonnante qu'elle avait perdue.

Et la terre, comme la lune son satellite, se refroidissait à mesure que les âmes épurées remontaient au soleil.....

Tel fut mon rêve, mes amis.

En m'éveillant, je le méditai, et j'en conclus que la vie humaine n'est bien réellement qu'une épreuve dont le terme est la mort pour notre corps périssable, et dont notre âme immortelle doit rendre compte à son Créateur.

DEUXIÈME ENTRETIEN

Un autre soir, Pierre Édon nous dit :

—Je n'ai pas prétendu, mes chers garçons, en remontrer à M. le curé ni vous
faire, à sa place, une leçon de catéchisme.
Mais j'ai trouvé naturel de vous parler d'a-
bord des choses divines pour vous mieux
expliquer les vérités humaines et sociales
qui me paraissent en découler.

Nous avons donc foi en un Dieu de bonté
et de justice ; nous croyons à l'immortalité
de notre âme et à la récompense future qui
nous est réservée, si nous avons supporté
avec courage et résignation les épreuves de
la vie.

Ah ! ces épreuves sont pour presque tous
les mortels fréquentes et douloureuses, et si
courte que soit notre existence terrestre,

comparée à la vie éternelle, elle nous semble souvent bien longue encore.

Mais s'il nous est *interdit de l'abréger*, nous avons *le droit* et même *le devoir* de la rendre aussi *légère*, aussi *facile*, aussi *agréable* qu'il est permis à l'être humain.

Aussi le Créateur a-t-il mis en toute créature *l'amour de la vie*, *l'instinct de conservation*, *l'appétit du bien-être* qui conserve et prolonge l'existence.

Cherchons donc, mes amis, à nous rendre la vie facile et heureuse.

La *vie facile* est dans la satisfaction des *besoins matériels* que *la nature* et *la civilisation* nous imposent.

La *vie heureuse* est dans la satisfaction des *besoins moraux* et *intellectuels* que développe en nous *la culture de l'âme et de l'intelligence*.

Cette double satisfaction ne peut s'obtenir que par *le travail*, dont Dieu a fait à l'homme une obligation.

[*Le travail* est un *devoir* envers *Dieu*, envers *nos semblables*, envers *nous-mé-*

mes. Et l'homme laborieux trouve dans l'ac-
complissement de ce triple devoir, qui con-
stitue sa mission sur la terre, le plus grand
et le plus solide élément de son bonheur.

Le désœuvrement est stérile : il affaiblit
le corps, déprave l'esprit; il inspire les
mauvaises pensées et entraîne aux mauvaises actions.

Le travail est fécond en résultats : il for-
tifie le corps et l'âme; il devient pour eux
habitude et satisfaction.

Ce qui démontre son *utilité*, sa *moralité*,
et prouve qu'il est un devoir pour tous les
hommes.

TROISIÈME ENTRETIEN

— Mes chers enfants, nous dit un autre soir Pierre Édon, nous causerons encore aujourd'hui du *travail*.

Il y a, nous l'avons reconnu, deux sortes de travail :

Le *travail moral* ou *intellectuel*, qui améliore *l'âme* et développe *l'intelligence;*

Le *travail matériel* ou *manuel*, qui subvient à nos *besoins physiques* et entretient nos *forces corporelles.*

Le travail moral est la culture de l'esprit, l'étude de la nature et de ses lois; il nous rend capables de connaître et de pratiquer nos devoirs envers nous-mêmes, envers Dieu et nos semblables, il nous facilite le travail matériel. Il faut donc lui consacrer le plus de temps possible.

Mais ne négligeons pas, pour cela, le travail matériel, indispensable au bien-être de notre corps.

L'esprit sain veut un corps sain, et la vertu est trop difficile à celui qui souffre de privations physiques.

Assurons donc à la fois et dans un parfait équilibre la satisfaction des besoins du corps et de ceux de l'esprit.

Nous pouvons le faire sans craindre jamais d'épuiser le fonds si riche que nous cultiverons par notre travail intellectuel.

Dans ce vaste et fertile champ, la récolte de l'un ne diminue pas celle de l'autre ; ce qu'un seul a semé ou moissonné, il peut, sans s'appauvrir, le partager avec tous.

Malheureusement, il n'en est pas de même pour le travail matériel.

Ce travail ne peut rien créer ni tirer de soi seul.

Soumis aux lois et limité aux choses de la nature, il cherche à les appliquer et à les utiliser à la plus complète satisfaction de nos besoins.

Ce n'est là qu'une œuvre de transforma-

tion, de mutation, d'appropriation d'objets existants dans la nature.

Aussi, le travail matériel de l'homme ne s'exerce qu'à l'aide d'instruments.

Or, les instruments de ce travail sont nécessairement fournis et limités par la nature elle-même.

Dans l'état sauvage, l'homme cueille les fruits naturels de la végétation, puis il se fait chasseur, pêcheur.

Allant où les moyens d'existence et de subsistance lui semblent plus abondants et plus faciles, il est nomade. Pasteur, il dresse sa tente où l'herbe pousse, il élève là les troupeaux qui le nourrissent et le couvrent.

D'abord séparés par *familles*, puis réunis par *tribus* et enfin par *nations*, les hommes sont forcés, par l'accroissement de la population, de renoncer à la vie nomade. Ils s'attachent alors au sol, et en eux s'éveille l'idée de *patrie*.

Ils s'organisent pour vivre en *société;* ils créent des *lois,* des *institutions,* une *auto-*

rité; aliénant une portion de leur liberté individuelle et absolue, en échange de l'ordre, de la sécurité, de la justice, qui leur sont indispensables. Ils ont des *droits* et des *devoirs,* sanctions du pacte social.

Alors aussi *le droit de propriété* prend naissance.

Ce n'est plus ce droit naturel, instinctif de chacun aux produits de sa cueillette, de sa chasse ou de sa pêche : c'est un *droit social,* conventionnel, à la possession et à l'usage de *la terre,* instrument primordial du travail de tous. Il n'en peut être autrement; car le sol a souvent besoin d'être amendé, et il n'est plus possible d'en séparer le travail d'amélioration qui s'y incorpore.

Et, d'ailleurs, ne vaut-il pas mieux naître pauvre au sein d'une société civilisée que riche seulement des dons de Dieu sur une terre sauvage?

Certes ce droit, établi et exercé par le premier occupant, est fatal au dernier venu. Celui-ci, devant travailler pour vivre, et ne trouvant plus disponible la terre, instrument de son travail, passe sous la dépendance du possesseur légitimé de cette terre.

Néanmoins ce *droit de propriété*, malgré son vice originel qui est la conquête, est admis par toutes les sociétés comme nécessaire et avantageux à leur naissance et à leur développement ; il est indispensable pour comprimer la force et refréner la violence.

Et malgré sa fâcheuse origine, le *droit social de propriété* est avec *l'institution de la famille* la *loi du progrès*, *l'avenir de toute civilisation*.

Mais, on ne saurait trop le rappeler et le déplorer : pendant plusieurs siècles, le droit de propriété n'a été que le droit du plus fort ou du plus chanceux. Celui-là s'est fait ainsi le maître et seigneur des dépossédés et des faibles devenus ses *esclaves*, ou ses *serfs*, ou ses *vassaux*, et condamnés, sous peine de la vie, à travailler pour lui, *sur sa terre*, aux conditions qu'il lui plaisait de leur dicter.

De là, dans l'histoire de l'humanité, des

vexations nombreuses, cruelles, imméri-
tées, de terribles, fréquentes et sanglantes
révoltes.

Pour affranchir le peuple de cette longue
et lourde servitude, il a fallu le lent progrès
des âges et de la civilisation.

Plus tard encore, la *propriété mobilière*,
naissant enfin de la *division du travail* et
de l'*échange*, est venue multiplier considé-
rablement les instruments du travail qui ne
se bornent plus à la terre seulement. Une
portion du *prolétariat* a pu, dès lors, affir-
mer son existence civile et politique : elle
est devenue *la bourgeoisie.*

Enfin 1789 a posé des principes nouveaux
et régénéré la propriété territoriale : les
Droits de l'Homme ont, sinon achevé, du
moins consacré l'émancipation du peuple,
proclamant *la liberté, l'égalité,* et abolis-
sant tous les priviléges abusifs de la propriété immobilière.

Depuis cette époque mémorable, s'il existe
encore des héritiers d'anciens seigneurs, ils
ont pour eux la prescription. Quant aux

autres propriétaires actuels des terres, ils les ont acquises *des fruits de leur travail* ou par transmissions régulières.

Est-ce à dire, mes enfants, que s'il n'est plus esclave, serf ni vassal, le pauvre, déshérité du sol dépourvu d'instruments de travail, toujours appelé *prolétaire*, — c'est-à-dire ne fournissant que des enfants à la République, et l'obérant par ces rejetons faméliques ; — est-ce à dire que cet être humain, membre de la société, n'est pas resté, artisan ou laboureur, le tributaire des *capitalistes*, patrons ou propriétaires, détenteurs de tous les instruments indispensables à son travail ?

Hélas ! non.

Ah ! si l'homme n'était pas forcé de travailler pour vivre ; si son travail n'avait pas besoin d'instruments ; si ces instruments étaient assez abondants dans la nature pour que l'on pût en munir les derniers venus sans en déposséder les autres... alors le travail serait libre, alors le travailleur, responsable en même temps que libre, demeurerait *le seul arbitre de son sort !*

Mais il n'en est pas ainsi ; eh bien ! propriétaires et prolétaires, il faut vous entendre. Est-ce donc si difficile ?

Certes, *propriétaires* et *prolétaires, capitalistes* et *travailleurs* ont tout intérêt à cette cordiale entente ; car, si *le travail* est impossible sans *le capital,* le capital devient stérile dès qu'il n'est pas fécondé par le travail.

S'entendre ! quand les conditions sont si inégales pour établir les lois du partage de la production commune ! quand le travailleur vit au jour le jour, tandis que le capitaliste peut attendre !

Pour résister à cette force impérieuse du capital, les travailleurs ont créé des *sociétés de secours et de chômage :* ce n'est point là un remède, ce n'est qu'un palliatif.

Le vrai remède, le seul, ou du moins l'un des plus efficaces, la loi de l'avenir, ce sont les *sociétés coopératives :* il faut les établir et les propager partout où elles sont applicables.

Que sont-elles, en effet ? Une *association*

entre le travailleur et le capitaliste : plus de subalterne, plus de salarié ; un partage des produits, des bénéfices, dans une proportion librement consentie.

Cela est possible, cela est facile, au jugement des meilleurs esprits, dans la plupart des ateliers de production.

Il faut vous dire, mes chers disciples, que le désir et l'urgence d'améliorer la destinée sociale des travailleurs prolétaires ont déjà tourmenté certaines natures plus sensibles que sages, et aussi imprudentes qu'elles sont généreuses.

Oui, les *socialistes*, c'est le nom que se sont donné ces apôtres du peuple, impatients d'annoncer à la société la bonne nouvelle, ont cherché et cru trouver le remède à tous les abus, la panacée de tous les maux.

Espoir chimérique ! ils n'ont encore abouti qu'à la suppression du droit social de propriété, à la négation de toute initiative individuelle, à l'anéantissement de la liberté, et, partant, de la responsabilité.

Quelques-uns ont rêvé pour nous la communauté des biens, l'inertie monacale, la promiscuité des femmes et des enfants, la destruction de la famille, de la propriété personnelle et héréditaire, insultant ainsi au progrès, à la civilisation, à la dignité humaine.

Tant de démence érigée en doctrine a un nom : c'est le *communisme*, triste bâtard du *socialisme*.

Grâce à Dieu, le véritable socialisme est toute autre chose, et il renie, la honte au front, ceux qui abritent sous sa bannière de si coupables aberrations.

Le vrai socialisme consiste dans l'étude réfléchie et l'application successive des *réformes sociales* qui restreindront successivement et finiront par émanciper le *prolétariat* en respectant l'ordre, la famille, la propriété, l'humanité.

Oui, le socialisme pourra faire, avec le temps, du *prolétaire* un *propriétaire*, briser ses fers et ses entraves, le replacer au rang de citoyen libre, — et cela, par le travail, par la persévérance, par l'économie.

En d'autres termes, — qui semblent parfois effrayer la bourgeoisie inquiète, quand ils devraient au contraire la rassurer,—les socialistes comme vous, mes nobles disciples, et comme moi, votre modeste maître, poursuivent l'*extinction du paupérisme*, cette plaie honteuse de nos sociétés modernes.

Cette extinction, ils ne la demandent qu'à la diffusion de l'instruction, à l'expansion de la liberté.

Mais il faut, pour assurer à la France ce double bienfait, que *notre pays se gouverne lui-même;* que le principe électif, largement appliqué et maintenu en accord constant avec l'opinion publique, succède pour jamais à l'injurieuse défiance et à l'insolent bon plaisir des empreeurs et des rois.

QUATRIÈME ENTRETIEN

Ce soir-là, Pierre Édon nous attendait avec plus d'impatience.

Dès qu'il nous vit réunis :

— Mes amis, nous dit-il, j'ai hâte de vous montrer le remède à côté du mal, et de raffermir votre foi dans l'œuvre de progrès réservée ici-bas aux hommes de bon vouloir et de dévouement.

Oui, l'*extinction du paupérisme* est un difficile et terrible problème social qui afflige et agite le monde ; mais deux fées bienfaisantes et radieuses sont là pour le résoudre :

L'*Instruction*,

La *Liberté*.

Examinons ensemble ces deux moyens si nobles, si féconds, et nous n'aurons plus à chercher ailleurs la solution du grand problème.

L'*instruction* puise à une source non-
seulement intarissable, mais toujours plus
abondante, qui coule et grossit sans cesse à
travers les générations et les siècles.

Pour travailler utilement, il faut *savoir*
et *pouvoir*.

Or, c'est l'*instruction* qui donne le savoir, ce premier élément de tout travail.

Répandons donc partout *le savoir*. Nous
lui donnerons ensuite les moyens de *pouvoir*.

Pour être ainsi partout répandue, l'*instruction* doit être :

1° *Gratuite* à tous les degrés : primaire,
secondaire, professionnelle, supérieure.

La dépense à faire pour assurer cette gra-
tuité sera supportée par tous ceux qui pos-
sèdent : ce ne sera là qu'un faible dédom-
magement accordé aux pauvres, une juste
pondération du droit de propriété.

2° Elle doit être *obligatoire* pour le premier degré, *facultative* pour les autres.

En vain objecterait-on le respect dû à
l'autorité du chef de famille : *un père n'a*

*pas plus le droit de priver son enfant de
l'instruction que de lui casser un membre.*

3° Enfin l'instruction doit être *donnée* et
imposée non-seulement aux hommes, mais
aux femmes, pour produire dans la nation
entière tous ses heureux effets.

Quand l'instruction publique sera ainsi
organisée, on ne verra plus tant d'États pé-
rir par leurs mœurs encore plus que par
leurs lois.

Parlons maintenant de la *Liberté!*

Quel sujet d'entretien peut être plus at-
trayant pour des auditeurs de vingt ans? Et
le vieux berger souriait de notre empresse-
ment.

— Ah! mes gars, nous dit-il, sachez-le
tout d'abord : la liberté n'est pas chose si
douce ni si facile qu'on le croit à votre âge :
elle a aussi ses devoirs et ses austérités.

Voyons donc comment elle sera digne et
capable, après l'instruction, d'affranchir le
pauvre...

Posons d'abord nos principes.

Premier principe : la *liberté* est pour

chaque individu un *droit absolu*, mais *limité par le droit d'autrui*.

Second principe : la *liberté* implique la *responsabilité ;* nul ne peut revendiquer le droit d'être libre sans assumer le devoir d'être également responsable.

Tirons des conséquences de ces principes :

Le maître nourrit et entretient son esclave ; l'homme libre doit subvenir lui-même à tous ses besoins.

La charité et l'aumône ne sont une vertu et un bienfait, et ne se justifient, qu'appliquées aux infirmes et aux incapables.

Au travailleur *libre et responsable*, la société doit seulement aide et concours par les moyens dont elle dispose également pour tous.

Elle mettra à sa portée, pour qu'il s'instruise et s'éclaire, toutes les richesses publiques, matérielles et morales, amassées par les efforts, les recherches et les découvertes des générations antérieures.

La liberté affranchira le travail des entraves factices : privilége, monopole, réglementation et intervention inutile de l'État.

Il faut à chacun sa part égale d'ombre et de soleil dans sa lutte contre la nature. Et rien ne doit empêcher la libre et loyale répartition des fruits de la production entre le travail et le capital désormais réconciliés par le droit et la justice, comme ils sont alliés par la nécessité.

Cette liberté, invoquée de tous et réclamée par chacun, se traduit difficilement dans les faits, parce que *l'intérêt personnel* lui fait trop souvent obstacle, et en empêche l'égale répartition.

Les *positions acquises*, — que cette acquisition soit juste ou injuste,—sont autant de forteresses, défendues par les uns, attaquées par les autres, avec le même oubli des principes de droit communs à tous.

Si vous voulez, mes enfants, posséder et conserver la liberté fondée sur la loi et l'équité pour tous, il faut que vous ayez chacun la notion exacte du *droit* et du *devoir* et de leur réciprocité.

C'est ce que j'espère vous enseigner dans

nos veillées d'hiver par des exemples d'application spéciale, plus faciles à saisir que les principes généraux.

Nous verrons ainsi comment *la liberté* développera *le crédit :* seul moyen de procurer au travailleur l'instrument de son travail sans préjudicier au droit de propriété ;

Comment elle permettra et facilitera les associations.

Puis nous parlerons :

— De la *liberté* appliquée au *gouvernement;* pondérant le *principe autoritaire* par la *décentralisation* et par le *principe fédératif,* sans nuire à l'unité nationale.

— De la *liberté des consciences et des cultes,* résultant de la *séparation des Églises et de l'État;*

— De la *liberté personnelle* amenant la *suppression des armées permanentes;*

— De la *liberté commerciale* ou *libre-échange* entre les individus et entre les peuples;

— De la *liberté de pensée,* de *paroles,*

d'*écrits*, de *réunion*, de *discussion* et d'*association*;

— De la *liberté des élections*, de celle des *minorités*, conséquence du droit de discussion.

Nous étudierons encore :

— La *liberté dans la justice*, fondée sur l'*élection des magistrats ;*

— La *liberté dans l'impôt*, supprimant les *octrois*, les *contributions indirectes*, et puisant aux véritables sources : le *capital* et le *revenu* sous leurs diverses formes.

Ce sont là de bien grandes questions que de braves prolétaires, ouvriers ou paysans, ne peuvent guère comprendre du premier coup.

Mais patience! J'ai idée que le temps est proche où il se rencontrera dans les villes de sages citoyens pour expliquer toutes ces choses en des petits livres tout simples et tout clairs, et, dans les villages, de vieux songeurs comme moi pour en jaser un brin avec les garçons avisés et même les filles curieuses.

On finira bien par s'apercevoir que ces affaires-là sont celles de tous les Français, qu'ils ont besoin de les connaître, et qu'il faut les leur débrouiller.

Alors on ne les appellera plus des *révolutions*, des *utopies*, des *nouveautés dangereuses*, pour en effrayer les timides et les ignorants. On avouera que ce sont des *progrès*, des améliorations nécessaires, qui peuvent se réaliser sensément, pacifiquement, avec tout le respect dû aux droits légitimes. Tous enfin seront d'accord pour exécuter et favoriser ces réformes, œuvre de paix et de justice, gage du bonheur et de l'alliance des peuples !

A PROPOS DE

L'INTERNATIONALE

—

Quand la *Société Internationale* recruta en France ses premiers adhérents, un de ses émissaires vint, en grand secret, trouver Pierre Édon dans la montagne.

Et il lui dit : — Vous devez être des nôtres, car vous êtes un prolétaire et une victime de l'injustice et de la persécution. Vos idées et vos paroles sont celles d'un républicain sincère, d'un socialiste convaincu, d'un ami dévoué de l'humanité. Votre réputation de sagesse et de vertu est grande en ce pays, vous pouvez donc servir utilement notre cause.....

Que voulons-nous ? Fortifier et féconder par l'association la classe des travailleurs, améliorer leur sort, les confondre tous, de quelque nationalité qu'ils soient, en une même et seule famille, combinant ses efforts pour atteindre à un but unique et commun. N'y a-t-il pas là de quoi tenter un honnête homme ?

— Certes, répondit Pierre Édon, mais la nature a daigné me donner un peu de jugement et quelque sens moral. Aussi, on ne me séduit pas avec des mots. Quel est le mode d'application de vos belles théories ? quels sont vos moyens d'action et de réussite ? Toute théorie sociale est stérile et parfois dangereuse, si elle n'aboutit pas à un résultat pratique.

L'envoyé de l'*Internationale* semblait aussi surpris que déconcerté par ces questions si simples et si logiques. Il se décida pourtant à tracer le programme de la nouvelle société.

— Nous sommes, dit-il, *collectivistes*.

Nous voulons que le sol, les matières premières, les outils industriels soient possédés d'une façon indivise par la nation entière ou par les communes fédéralisées.

Nous voulons que la culture du sol, la

production industrielle soient faites par d'immenses associations ouvrières, dont tous les membres se partageront, — égalitairement ou en raison de leurs besoins, — les fruits du travail.

Nous voulons abolir l'intérêt du capital, l'héritage.....

.—Assez ! lui dit sévèrement Pierre Édon; je pressentais tout cela, et nous ne saurions nous entendre. Cherchez ailleurs des affiliés moins défiants; pour moi, je condamne et je répudie vos doctrines ; et, en vérité, je vous le dis :

Ou votre *Société Internationale* sera une école de haine, un arsenal de mauvaises passions, une arme de guerre civile et sociale, mise aux mains du pauvre ignorant et déshérité, contre le riche insouciant et égoïste...

Ou elle est de bonne foi et s'apercevra bien vite, qu'ainsi constituée elle n'aura jamais de puissance que pour le mal.

Dans le premier cas, elle sera criminelle, et on l'anéantira; dans le second, elle sera

3

honteuse d'elle-même, et se transformera.

En attendant passez votre chemin ; il ne peut y avoir rien de commun entre vous et moi !

Quoi ! ajoutait notre vieux maître, en nous racontant cet entretien, voilà où en sont les hommes, après plusieurs siècles d'épreuves et de tentatives, après tant de détestables luttes et de cruels enseignements !

Il semble qu'entre le misérable et le riche, entre le prolétaire et le bourgeois, il y ait un malentendu fatal, un combat sans merci.

Comme si l'un des deux adversaires pouvait être vaincu sans dommage ni danger pour l'autre !

La belle avance, lorsque dans ces guerres farouches et sans cesse renaissantes, les travailleurs auront anéanti religion, famille, propriété, capital !... lorsqu'à leur tour les bourgeois victorieux auront confisqué la liberté, l'égalité ; semé la vengeance et l'épouvante, et privé l'industrie des bras dont elle a besoin !

Ne comprendrez-vous donc jamais, pauvres et riches, ouvriers et patrons, que votre salut et votre bonheur communs sont, au contraire, dans la concorde, la fraternité, l'alliance enfin, créée entre les capitalistes et les travailleurs, alliance assurant à l'avenir entre les deux associés, indispensables l'un à l'autre, une répartition plus équitable des fruits de la production ?

Les bases de cette alliance seront d'un côté : l'instruction, la moralité, la persévé - rance, l'économie, en un mot le travail libre, responsable, intelligent ; de l'autre : le dévouement, l'appui et l'assistance, c'est-à-dire la pratique sincère des vertus fondamentales de toute société moderne : l'égalité, la fraternité, la mutualité.

Alors le socialisme ne sera plus *la religion de la misère* ni *le spectre rouge* des heureux. Descendant d'en haut pour se répandre sur toutes les classes, au lieu de s'élancer d'en bas pour se ruer sur la civilisation, le socialisme ne sera plus simplement que l'étude raisonnée et la solution

progressive des problèmes économiques et
sociaux. Les prolétaires *pouvant* s'émanciper et les bourgeois *voulant* les y aider
se reconnaîtront désormais comme les éléments harmonieux de la grande famille
humaine, comme les enfants courageux et
dévoués de la même patrie. On n'aura plus
à redouter ces luttes impies qui épouvantent
et déshonorent la justice, la morale, la civilisation.

Pour cela, mes amis, plus de ligues, plus
d'*Association internationale des travailleurs*, plus de *coalition des intérêts conser-
vateurs*.

Ce qu'il faut c'est, dans chaque pays, une
*alliance nationale du travail et du ca-
pital*.

Je suis trop vieux et nous vivons dans
des temps trop obscurcis pour que je
puisse voir s'accomplir ce rêve de toute
ma vie.

Mais après ma mort, — le pauvre maître
ne la savait pas si prochaine ! — vous vous
souviendrez, mes enfants, du plan que je

vous ai soumis, pour la création pratique d'une semblable association.

Je vous laisse le soin, mes chers disciples, de le réaliser, en appelant à votre aide tous les hommes de bonne volonté.

ALLIANCE NATIONALE

DU TRAVAIL ET DU CAPITAL

—

Notre maître Pierre Édon, apôtre de village, n'était, on le pense, ni un légiste, ni un financier. Son plan de société n'est donc pas le programme élaboré par un homme d'affaires, mais le résumé des idées d'un philosophe.

Voici ces notes modestes et concises : lues, approuvées et développées par des hommes sages, dévoués et influents, elles pourraient alors devenir un projet très-pratique et très-fécond, auquel ne manqueraient, pour aboutir et réussir, ni des initiatives, ni des capacités, ni des ressources, ni des désintéressements, faciles à trouver, en France, parmi les grands industriels, les savants publicistes, les vrais hommes d'État, tous ceux enfin qui aiment et servent réellement leur pays, leurs semblables, le progrès.

Si nous voulions citer des noms, nous aurions bientôt fait de dresser une liste de fondateurs pour cette société entrevue par le vieux berger.

But de l'Alliance nationale.

Amélioration progressive et continue, *morale et matérielle*, du sort de la classe laborieuse par :
L'instruction,
L'association,
La liberté.

Moyens d'action.

1° Publication d'un journal périodique ;
Conférences gratuites et familières sur les questions sociales ;
Livres et brochures populaires à bon marché.

Journal, livres, entretiens, répandraient partout l'instruction, alliant l'ordre à la liberté, le travail avec l'économie. Ils mettraient l'ouvrier honnête en garde contre les séductions, les hypocrisies, les mensonges, les excitations des meneurs ambitieux, des fruits secs envieux, des déclassés corrompus et corrupteurs qui exploitent, au profit de leurs convoitises, de leurs rancunes et de leurs appétits, l'ignorance et les besoins du prolétaire, fomentent

ses haines et le poussent aux violences, en lui répé-
tant qu'il a pour lui le nombre et la force.

2° Création, patronage, appui de sociétés ouvrières de *secours, d'assurances,* de *prévoyance,* de
coopération du travail et du capital, sous toutes les
formes utiles et possibles.

Capital social.

Plus il sera gros, plus il fera de bien moral et
matériel.

Mais il ne s'agit pas d'une spéculation. Les actionnaires de l'Alliance, hommes dévoués et désin-
téressés, au-dessus de tout soupçon, parce que leur
indépendance, leur honorabilité et leur notoriété
seront bien connues, ne toucheraient — et ne vou-
draient toucher — que l'intérêt légal de leurs actions.

Le surplus des produits formerait un fonds de
réserve devant toujours accroître les moyens d'action de la société.

Membres de l'Alliance.

L'œuvre à entreprendre aurait besoin du concours et du zèle de tous les bons citoyens.

Il lui faudrait :

Les *capitaux des riches.* — Associés *actionnaires.*

La *collaboration des savants.* — Associés *honoraires.*

L'*adhésion des travailleurs.* — Associés *adhérents.*

Tous également bienvenus, également précieux à l'entreprise commune.

Voilà l'idée.

La place est libre à l'application.

Que des souscriptions soient ouvertes chez les hommes honorables qui voudront bien les recevoir ;

Que l'on souscrive sans aucun versement préalable, en ne justifiant que de son individualité ;

Que les cent premiers souscripteurs forment une assemblée générale préparatoire, qui nommera des commissaires pour rédiger un projet d'acte et de statuts, un exposé simple et clair des principes de la Société;

Qu'enfin les souscriptions ne deviennent définitives et exigibles qu'après une seconde assemblée générale et l'adoption des statuts sociaux.

Alors l'*Alliance nationale* sera fondée.

Disciples de Pierre Édon, ne l'oubliez pas et répétez-le à tous:

Les *coalitions de capitalistes,* les *coalitions de travailleurs* sont des engins de guerre civile et de ruine sociale.

3.

Les *associations de travailleurs et de capitalistes* sont des instruments de paix, d'alliance, de progrès.

Ce sont les éléments de la production, de la force, de la prospérité, du bien-être pour tous.

Elles doivent être le gage de la réconciliation entre le travail et le capital, ces deux frères trop longtemps ennemis.

Hors de là, point de sécurité, point d'avenir : c'est la guerre périodique et farouche de l'humanité ; c'est la décomposition croissante et rapide des sociétés.

TABLE

Paris. — Typ. Rouge. frères, Dunon et Fresné, rue du Four-Saint-Germain, 43.

www.ingramcontent.com/pod-product-compliance
Lightning Source LLC
LaVergne TN
LVHW022210080426
835511LV00008B/1687